T0283427

BIBLIOTECA
AUGUSTO
CURY

Diez leyes para ser feliz

AUGUSTO CURY

DIEZ LEYES PARA SER FELIZ

HERRAMIENTAS PARA ENAMORARSE DE LA VIDA

OCEANO

DIEZ LEYES PARA SER FELIZ
Herramientas para enamorarse de la vida

Título original: DEZ LEIS PARA SER FELIZ. FERRAMENTAS
PARA SE APAIXONAR PELA VIDA

Traducción: Pilar Obón

Diseño de portada: Departamento de Arte de Océano
Imagen de portada: Getty Images / Ed Freeman
Fotografía del autor: © Instituto Academia de Inteligência

D. R. © 2023, Editorial Océano de México, S.A. de C.V.
Guillermo Barroso 17-5, Col. Industrial Las Armas
Tlalnepantla de Baz, 54080, Estado de México
info@oceano.com.mx

Primera edición en Océano: 2023

ISBN: 978-607-557-746-3

Impreso en México / Printed in Mexico

Yo, __________, dedico este libro a __________.

QUE SEAS ALEGRE,
aun cuando quieras llorar.

QUE SEAS SIEMPRE JOVEN,
aun cuando pase el tiempo.

QUE TENGAS ESPERANZA,
aun cuando el sol no nazca.

QUE AMES A TUS SERES CERCANOS
aun cuando sufras frustraciones.

QUE JAMÁS DEJES DE SOÑAR,
aun cuando llegaras a fracasar.

ESO ES SER FELIZ.
Que a través de este libro, encuentres
el oro que está dentro de ti.

Y QUE SIEMPRE TE ENAMORES
DE LA VIDA.

Y descubras que eres un
SER HUMANO ESPECIAL.

Índice

Prefacio

Vivimos en un universo lleno de misterios. Hay miles de millones de galaxias con innumerables secretos. Por ejemplo, en el centro de la Vía Láctea, nuestra galaxia, hay un agujero negro del tamaño de un grano de arena que engulle planetas y estrellas enteras. Sólo pensar en eso da escalofríos. Pero ¿cuál es el misterio más grande del universo?

La vida humana es el misterio más grande de la existencia. Sólo aquellos que nunca la han explorado no están encantados con ella. Sin embargo, si comparáramos la personalidad humana con una gran casa, la mayoría de las personas no conoce ni siquiera la sala de visitas de su propio ser. ¿Hasta dónde te conoces tú?

A pesar de la grandeza de la vida, el ser humano no la cuida con cariño. Algunos sólo procuran cambiar su estilo de vida cuando sufren un infarto. Otros sólo piensan en habilitar su inteligencia cuando se ven superados profesionalmente.

Muchos adultos sólo detectan que son infelices y se encuentran ansiosos cuando pierden a las personas que más aman. ¿Y la situación de los jóvenes? Es peor. Por lo general, ellos sólo reconocen que están frustrados cuando miran atrás y ven destruidos sus más bellos sueños.

En el libro *Tú eres insustituible*, comenté que todos cometemos locuras de amor para conquistar la vida. En este libro, *Diez leyes para ser feliz*, presentaré los principios para que la vida se convierta en un gran *show*: un espectáculo de felicidad y sabiduría.

De los pobres a los ricos, de los incultos a los intelectuales, todos quieren ser felices. Pero para muchos ser feliz es un espejismo en el desierto. Mucho se habla, pero poco se conoce sobre qué es la felicidad y cuáles son las herramientas necesarias para ser feliz. Aquí, vas a sorprenderte.

Este libro es pequeño, pero el concepto sobre qué es la felicidad y los instrumentos para conquistarla son profundos y desconocidos. Son fruto de más de veinte años de investigación psicológica y psiquiátrica. Las "diez leyes" que comentaré aquí democratizan la ciencia, pues hacen que las herramientas para explorar tu propio ser sean accesibles... La decisión de usarlas para alcanzar una vida feliz y saludable es sólo tuya.

Permíteme intentar ayudarte. Si eres joven o adulto y te gusta la aventura, la tendrás aquí. Viajaremos al fascinante mundo de nuestro ser. Buen viaje.

Dr. Augusto Cury

¿Qué es ser feliz?

La vida es una gran universidad,
pero poco enseña a quien
no sabe ser un alumno...

Ser feliz no es tener una vida exenta de pérdidas y frustraciones. Es ser alegre, incluso cuando se quiere llorar. Es vivir intensamente, incluso en la cama de un hospital. Es nunca dejar de soñar, aunque se tengan pesadillas. Es dialogar con uno mismo, aunque nos rodee la soledad.

Es ser siempre joven, incluso si los cabellos encanecen. Es contar historias a nuestros hijos, aunque el tiempo sea escaso. Es amar a nuestros padres, aunque ellos no nos comprendan. Es agradecer mucho, aun si las cosas salen mal. Es transformar los errores en lecciones de vida.

Ser feliz es sentir el sabor del agua, la brisa en el rostro, el olor a tierra mojada. Es extraer grandes emociones de las pequeñas cosas. Es encontrar, todos los días, motivos para sonreír, aun cuando no existan grandes razones. Es reír de nuestras propias tonterías.

Es no renunciar a quien se ama, aunque haya decepciones. Es tener amigos para repartir las lágrimas y compartir las alegrías. Es ser amigo del día y amante del sueño. Es agradecer a Dios por el espectáculo de la vida... ¿Cuáles de esas características tienes tú?

¿Quién conquista una vida feliz? ¿Serán las personas más ricas del mundo, los políticos más poderosos y los intelectuales más brillantes?

¡No! Son los que logran calidad de vida en el escenario de su alma. Los que se liberan de la cárcel del miedo. Los que superan la ansiedad vencen el mal humor, trascienden sus traumas. Son los que aprenden a navegar en las aguas de la emoción. ¿Tú sabes navegar en esas aguas, o vives naufragando?

Objetivos equivocados para lograr una vida feliz

Nuestros mayores problemas no están
en los obstáculos del camino,
sino en elegir la dirección errada...

El dinero y la felicidad

El dinero nos puede dar comodidad y seguridad, pero no compra una vida feliz. El dinero compra la cama, pero no el descanso. Compra aduladores, pero no amigos. Compra regalos para una mujer, pero no su amor. Compra el boleto para la fiesta, pero no la alegría. Paga la colegiatura, pero no produce el arte de pensar.

Es necesario que conquistes eso que el dinero no puede comprar. En caso contrario, serás un miserable, aunque seas un millonario.

La fama y la felicidad

El éxito en el trabajo, en la escuela, en la realización de las metas es fundamental para la calidad de vida. ¡Pero la fama que acompaña al éxito no produce la felicidad! La fama produce los aplausos, pero no la alegría. Produce el asedio, pero no elimina la soledad.

La fama puede convertirse en una trampa para una vida feliz, pues evapora la simplicidad, destruye la sensibilidad, invade la privacidad. Hay muchos famosos tristes y deprimidos. Lucha por el éxito y no por la fama. Si llega la fama, dale poca importancia.

La cultura académica y la felicidad

La cultura académica nutre la inteligencia, pero no es el cimiento de una vida feliz. El alumno sale de la escuela conociendo el mundo exterior, pero desconociendo el anfiteatro de su mente.

Sabe dar un discurso sobre el mundo físico, pero no sabe hablar de sí mismo. Es un gigante en la ciencia, pero un niño frágil ante sus pérdidas y desafíos. El mundo académico está en crisis. Otorga diplomas, pero no prepara a los jóvenes para la escuela de la vida. ¿Estás preparado solamente para las victorias, o también para las derrotas?

El poder y la felicidad

El hombre siempre ha amado el poder, pero el poder no produce una vida feliz. Una persona puede dirigir con habilidad una nación o una gran empresa, pero puede no tener habilidad alguna para gobernar su emoción.

Hitler quería dominar el mundo porque nunca dominó su propio mundo. Incluso quien conquista el poder político por la vía democrática puede ser un pésimo líder de sí mismo. Tu mayor desafío en la vida no es liderar la Tierra, sino tu propio ser.

El trabajo y la felicidad

Trabajar con alegría, dedicación y creatividad es un bálsamo para la vida. Pero debemos trabajar para vivir, y no vivir para trabajar. Algunas personas son *workaholics*, adictas al trabajo. Sueñan, comen y respiran trabajo.

Tienen tiempo para todo, menos para sí mismas. No permiten la quiebra de la empresa, pero poco les importa el quebranto de sus vidas. ¡Líbrate de ser un adicto al trabajo! ¡A no ser que quieras ser el más competente del cementerio!

La seguridad y la felicidad

Muchos compran seguros para la casa y para el auto. Se protegen contra asaltos y accidentes, pero se olvidan de proteger su emoción contra el estrés y los problemas de la vida. ¡Qué contraste! Por eso, cualquier cosa les roba la tranquilidad... ¿Te das cuenta de cuánto te roban los problemas tu alegría y paciencia?

Sin proteger la emoción, alcanzar una vida feliz no es más que una ilusión. ¿Cómo lograrlo? ¡Espera, te ayudaré! Pero antes de eso, vamos a hacer un mapeo de la calidad de vida.

El patrón de la calidad de vida

Quien es exigente con
la calidad de los productos,
pero no con su calidad de vida,
traiciona su propia felicidad...

En las próximas páginas comentaré la relación de síntomas psíquicos y psicosomáticos que uso en mis investigaciones, y que comprometen la calidad de vida.

Síntomas psíquicos

- Cansancio exagerado
- Pensamiento acelerado
- Insomnio
- Exceso de sueño
- Olvidos
- Desmotivación, desánimo
- Disminución del placer sexual
- Baja autoestima
- Miedo
- Pérdida del placer de vivir
- Tristeza o ánimo deprimido
- Falta de concentración
- Sufrimiento por anticipación
- Angustia (ansiedad + opresión en el pecho)
- Agresividad
- Sentimiento de culpa
- Soledad
- Idea de renunciar a la vida

Síntomas psicosomáticos

- Dolor de cabeza
- Falta de aire
- Mareos
- Taquicardia
- Nudo en la garganta
- Opresión en el pecho
- Dolores musculares
- Prurito (comezón)
- Gastritis
- Hipertensión cuando se está tenso
- Diarrea cuando se está tenso
- Aumento del apetito
- Disminución del apetito
- Exceso de sudor
- Llanto o ganas de llorar
- Manos frías e húmedas
- Caída del cabello
- Ninguno

Si presentas diversos síntomas, no te desesperes. Tú puedes superar tus conflictos y enriquecerte y adquirir más experiencia. El patrón de clasificación de la calidad de vida es flexible. Depende del tipo, cantidad y frecuencia de los síntomas.

Algunos síntomas son más graves, y por eso desencadenan varios otros síntomas. Por ejemplo, el insomnio produce fatiga excesiva, pensamiento acelerado, irritabilidad. Procura cuidar tu calidad de vida, te lo mereces. Haz de tu vida una linda historia de amor, y no de terror.

En mis conferencias —incluso en las internacionales— sobre el funcionamiento de la mente y la calidad de vida, suelo hacer una prueba con los oyentes. Les pido que levanten la mano según los síntomas que presentan a medida que los cito.

Todos se sorprenden al ver el sube y baja de las manos del público en general. Eso incluye a psicólogos, médicos, directores de escuela, profesores. Lo normal es estar afectado y lo anormal es tener una vida excelente. En un mundo enfermo, la meta es ser de los "anormales". ¡Presta atención!

Una investigación que realicé sobre la calidad de vida en la población de la ciudad de São Paulo arrojó números alarmantes: 37.8 por ciento de las personas están ansiosas (más de cuatro millones); 37.4 por ciento presenta déficit de memoria u olvidos; 30.5 por ciento experimenta fatiga excesiva; 29.9 por ciento siente dolores musculares y 20.1 por ciento sufre de dolor de cabeza.

Además, dos millones de personas, incluidos jóvenes y adultos, padecen insomnio, viven en guerra en su propia cama. ¿Qué guerra? La guerra de los pensamientos. ¡Cuidado! Ni los generales pueden vencer en esa batalla.

Hay un dato de la investigación que me dejó preocupadísimo, y tal vez a ti te pase lo mismo. Más de dos millones de personas (22 por ciento) tienen una pésima calidad de vida, y presentan diez o más síntomas. Eso es algo muy grave. Todos debemos mejorar nuestra calidad de vida para ser felices.

La población de São Paulo, que es una de las ciudades más grandes del planeta, está colectivamente estresada. Sin embargo, si realizáramos la misma investigación en Nueva York, Londres, París, Tokio y otras ciudades grandes y medianas en el mundo, creo que encontraríamos datos semejantes.

Paradojas del mundo moderno

Nunca habíamos tenido avances tan grandes en la tecnología, pero el ser humano jamás había experimentado tantos trastornos mentales. Nunca habíamos tenido tantos medios para propiciar la comodidad —los vehículos, el teléfono, el refrigerador—, pero el hombre nunca se había sentido tan incómodo en su mente. Nunca habíamos tenido tantos medios para obtener placer —la televisión, el internet, el cine—, pero el hombre jamás había estado tan triste.

La sociedad moderna se ha convertido en una fábrica de estrés. ¡Y tú vives en ese mundo desquiciado! ¿Qué hacer?

¡No es posible cambiar de planeta! Vivir como un ermitaño aislado del mundo de nada servirá, pues llevaremos nuestros problemas adonde sea que vayamos. Refugiarse en el alcohol y en las drogas, como hacen muchos jóvenes, sólo acrecienta la miseria y destruye la vida. Esconderse detrás de la cuenta bancaria y del estatus social, como muchos adultos, y fingir que nada está pasando es huir de la realidad.

Vivimos en un mundo complicado. Pero no trates de huir de él. Es en este mundo donde debemos realizarnos, ser felices y saludables. La luz sólo es bella cuando está encendida en la oscuridad. Veamos.

Cierta vez, una persona dormía mal porque vivía en un sótano oscuro. Soñaba con poner una lámpara en la habitación. Después de mucho trabajar, contrató a un electricista que instaló la tan deseada lámpara. Antes de encenderla, la persona pensó: "Por fin, ahora voy a dormir tranquila". Al encenderla se llevó una sorpresa. Perdió el sueño. ¿Por qué?

Porque la luz expuso la realidad que ella no veía: la suciedad, los insectos, las arañas. Sólo pudo descansar después de hacer una buena limpieza. ¡Por desgracia, algunos prefieren la oscuridad! Ten el valor de encender una luz en tu sótano y hacer una limpieza en tu vida.

Esa historia revela que a lo largo de este libro descubriremos que no somos tan saludables como pensamos. La luz brillará. Tal vez haya alguna incomodidad inicial al enfrentarnos con nuestra realidad. Pero nos alegraremos de usar las diez leyes de la psicología para conquistar una vida feliz.

Con ellas podemos encontrar alegría en el dolor, esperanza en la tempestad, seguridad en las tormentas. Podemos aprender a cantar, jugar, vivir la vida con pasión y placer. Antes de estudiarlas, permíteme dar un mensaje.

No existe un milagro para transformar la personalidad, pero hay entrenamiento. Cada una de las leyes sólo será útil si al salir de las páginas impresas de este libro se inscribe en las páginas de tu corazón. Léelas y vuélvelas a leer. Ellas no anulan la necesidad de un tratamiento, cuando éste sea necesario. Pero su práctica previene y contribuye a la resolución de los trastornos mentales.

Sin embargo, el principal objetivo de las leyes no es tratar las enfermedades, sino abrir las ventanas de tu inteligencia. ¿Qué ventanas? Las ventanas que ventilan tu potencial intelectual y tu capacidad de amar la vida y todo aquello que la promueve.

1ª LEY

Contemplar lo bello

Es en las cosas simples y anónimas
donde se encuentran
los mayores tesoros de la emoción...

Contemplar lo bello es hacer de las pequeñas cosas un espectáculo para nuestros ojos. Es dialogar con los amigos, elogiar a las personas, amar los desafíos de la vida. Es admirar a los niños, escuchar las historias de los ancianos.

Es descubrir las cosas hermosas y ocultas que nos rodean. Es admirar las nubes, el canto de los pájaros, la danza de las hojas bajo la orquesta del viento. Es percibir más allá de las imágenes y las palabras. Creo que menos de 10 por ciento de las personas sabe contemplar lo bello. Quien desprecia esta ley tiene una alegría fugaz, una emoción superficial.

El placer de vivir

Si tu historia se transformó en una rutina repleta de aburrimiento, si te falta placer, sabor y encanto por la vida, es porque no has pasado tiempo contemplando lo bello. ¡Despierta! Si no usas esta herramienta, quizá podrás tener éxito profesional, económico y social, pero mendigarás el pan de la alegría. Serás infeliz.

Jesucristo, el maestro de la emoción, detenía a la multitud que lo seguía para hacer de los lirios un espectáculo para sus ojos. Fue feliz en tierra de infelices, pues vivía el arte de la contemplación de lo bello.

Buen humor

Si contemplas lo bello, serás alguien con buen humor. Será un placer para las personas estar a tu lado. Pero si no lo contemplas, vivirás bajo la dictadura del mal humor y el negativismo. Ni tú mismo te soportarás.

Diversas enfermedades autoinmunes y cardiacas, así como algunos tipos de cáncer, son desencadenadas por los trastornos emocionales, en especial por el mal humor. Una persona optimista vive mejor y más tiempo. Contempla lo bello para tener buen humor. *Ser negativo no resuelve los problemas, y puede acortar tus días...*

Rejuvenecimiento de la emoción

Si contemplas lo bello, serás siempre joven, aunque el tiempo surque tu rostro con arrugas. Si no lo contemplas, podrás hacerte cirugía plástica, *peelings*, pero envejecerás en el único lugar en el que está prohibido envejecer: en el territorio de la emoción. Quejarse es uno de los síntomas de la vejez emocional.

Muchos jóvenes son emocionalmente viejos. Se quejan de su cuerpo, de su ropa, de la comida, de tener que levantarse por la mañana, de estudiar, de que no tienen nada que hacer. Son infelices porque no saben agradecer ni hacer mucho con poco. ¡Abre los ojos!

Autoestima

Quien observa la ley de contemplar lo bello tiene una elevada autoestima, siempre está bien consigo mismo. Pero he aquí que la psicología constata algo trágico: la baja autoestima se ha convertido en un síndrome epidémico. Observa el caso de la guerra de las mujeres con el espejo. En vez de contemplar sus aspectos positivos ante él, son especialistas en distinguir sus defectos.

He atendido a muchas mujeres que se quejan con sus maridos sobre las áreas que detestan de su propio cuerpo. La baja autoestima de ellas sofoca el amor de ellos. ¿Por qué?

Porque todas las quejas de ellas se registran en la memoria de ellos. Y, como veremos, ese registro ya no puede borrarse, sólo puede reescribirse. Con el tiempo, sus maridos comienzan a sobrevalorar los defectos de los que ellas se quejan. Eso sofoca el interés y el amor.

Las mujeres también se afligen al ver las revistas que destacan el cuerpo y no la inteligencia femenina. En vez de sentirse bellas, comparan su cuerpo con el de las modelos y se martirizan. ¡Cuidado! Todo aquello de lo que te quejas se vuelve un veneno para tu autoestima.

Consejos para contemplar lo bello

Todas las personas deben sentirse hermosas. No te esclavices al patrón de belleza de los medios. Repite diariamente: ¡Soy hermoso(a)! Pues lo feo y lo bello son relativos. La belleza está en los ojos de quien la contempla...

Contemplar lo bello es inyectar combustible para la felicidad. Cuida las plantas. Escribe poemas. Rueda en la alfombra con los niños. Valora las cosas que aparentemente son insignificantes. Escríbeles cartas a tus amigos. Descubre a tus hijos. Explora el mundo de tus padres. Permanece diez minutos diarios en un silencio contemplativo. Hablar de la felicidad sin contemplar lo bello es caer en el vacío.

2ª LEY

Sueño reparador

Los enemigos a los que no perdonamos
dormirán en nuestra cama
y perturbarán nuestro sueño...

El sueño reparador es aquel que renueva la energía física y mental. Es ese sueño profundo, relajado, agradable. Es el sueño que alimenta la tranquilidad y estimula la inteligencia. Una vida feliz comienza con un sueño feliz.

Quien tiene un sueño reparador puede mejorar en hasta 50 por ciento su rendimiento intelectual: creatividad, sutileza, asimilación de información, atención. Muchos accidentes y malas decisiones ocurren por falta de ese sueño. Haz las paces con tu cama. Si descuidas tu sueño, estarás destruyendo el reactor de la vida.

Consumir la energía cerebral más allá de los límites

Cierto día, una persona comentó en un elevador que vivía queriendo dormir durante el día y no entendía el motivo. Pedí permiso y le pregunté si tenía insomnio. Ella dijo que no. Pregunté si lograba aquietar su mente. Ella comentó que sus pensamientos burbujeaban en su cabeza. Ahí está la causa, dije.

La mente agitada le roba energía al cerebro. Aun si duermen, las personas no descansan. Si tienes un trabajo intelectual excesivo, tu sueño no logrará reponer la energía gastada.

El sueño y la salud

Puedes pelearte con el mundo, pero nunca con tu sueño. Sin un sueño reparador, el cuerpo y la emoción se debilitan drásticamente. Es imposible estar sano sin dormir bien. Con frecuencia, las enfermedades mentales se desencadenan o se intensifican cuando el insomnio golpea la mente.

Dependiendo de la calidad de tu sueño, serás una persona agradable, tolerable o insoportable. Si estás explosivo o impulsivo, reflexiona cómo estás durmiendo. Las personas insomnes se irritan hasta con su sombra.

Una alerta para los adultos: el insomnio bloquea la inteligencia

El insomnio destruye la serenidad. Genera crisis ansiosas que bloquean la memoria y lleva al ser humano a reaccionar sin pensar, a reaccionar por instinto, como un animal.

Las más grandes violencias humanas se cometen en los primeros treinta segundos de las crisis de ansiedad. Los errores más graves también ocurren en ese periodo. Bastan pocos segundos para herir seriamente a las personas. ¿Sabes cuál es la mejor respuesta que debes dar cuando estés tenso? El silencio.

Una alerta para los jóvenes: el internet destruye el sueño

Millones de jóvenes están destruyendo los mejores años de sus vidas por estar enviciados en el internet. No están durmiendo lo suficiente. Algunos jóvenes están desarrollando trastornos mentales e intentando suicidarse.

Muchos entran a internet en la madrugada, porque el enlace telefónico es más barato. Pero pagarán una cuenta muy cara en el futuro. Podrán ser inseguros, irritables, malhumorados, sin metas, sin empuje. Navega, pero no te hundas. No duermas menos de ocho horas.

¡Piensa en eso! No todo sueño es reparador. Llevarse a la cama los problemas del trabajo es una traición a tu paz. Y si te llevas a tus enemigos bajo las sábanas, es todavía peor. Es más barato perdonarlos, aunque no lo merezcan. Hazlo por ti.

Muchos necesitan ver películas de terror para asustarse. Cuando se acuestan, su mente piensa en tantos problemas que viven un teatro de horror. En psiquiatría, el perdón es la energía de los fuertes, y el resentimiento, la de los débiles. ¿Tú eres fuerte o débil?

Consejos para dormir bien

El sueño comienza durante el día. No cargues el mundo en tu espalda. Filtra los problemas. Trabaja con alegría. Haz lecturas agradables. No te alimentes una hora antes de acostarte. Evita encender el televisor o la computadora media hora antes de dormir.

¿Qué hacer cuando hay insomnio? Procura relajarte. Si no lo logras, levántate, pues el insomnio rebelde odia la cama. Lee algo aburrido, esto sirve como remedio. Después, relájate y vete a la cama. Si el insomnio persiste por algunos días, consulta a un médico. El insomnio lleva la calidad de vida al caos.

3ª LEY

Hacer cosas fuera de la agenda

Todos tienen un niño alegre dentro de sí,
pero pocos lo dejan vivir...

Hacer cosas fuera de la agenda es hacer cosas inesperadas, romper la rutina, quebrar la monotonía. Es nutrir tu historia con aventuras. Es ser un caminante en las sendas del propio ser. Es invertir el tiempo en aquello que te da un lucro emocional y no económico. Es tener una historia de amor con la vida.

Hacer cosas fuera de la agenda es la frescura de una vida excelente. Si desprecias esta ley psicológica, te internarás en un "asilo" emocional. Por desgracia, son muchos los que viven en ese albergue.

Manías

Una persona que no hace cosas fuera de la agenda está llena de manías. Nada puede estar fuera de su lugar. Tiene un horario para todo. Dispone los objetos sobre la mesa siempre del mismo modo. Pasa las vacaciones en el mismo lugar. Tiene manía de limpieza.

Saluda a los demás de la misma manera. Sigue la misma rutina en el trabajo. No corre riesgos. No va a restaurantes diferentes. No hace nuevas amistades. Es excesivamente predecible. Y, encima de todo, detesta que le corrijan. Libérate de tus manías. Sé flexible y alegre. Salte de la rutina de vez en cuando.

El fin del diálogo

Quien no hace cosas fuera de su agenda difícilmente aprecia el arte del diálogo. ¿Por qué? Porque el diálogo es mágico, enlaza nuestros mundos, sacude nuestra falsa seguridad, destruye nuestra rigidez y nos hace llorar, sonreír, ver nuestros defectos.

Pero el diálogo está muriendo. Padres e hijos comparten la misma casa, pero no la misma historia. Los enamorados no siempre viven los mismos sueños. Los jóvenes rara vez abren su corazón y hablan de sí mismos. Están vacíos. Sólo hablan de sexo, deportes y televisión. Nunca el hombre se había escondido tanto dentro de sí mismo.

Consejos para hacer cosas fuera de la agenda

Haz cosas que normalmente no haces. Saluda a las personas sencillas, como el portero de tu edificio. Sorprende a tus amigos con actos inusitados. Camina por aires nunca antes respirados. Pasa un fin de semana en lugares nuevos.

Da flores a las personas que amas en fechas inesperadas. Llámalas a media tarde y pregúntales qué puedes hacer para que sean más felices. Hacer cosas fuera de la agenda es liberar al niño feliz que está dentro de ti. Los que no viven esta ley bailan el vals de la vida con las dos piernas enyesadas...

4ª LEY

Ejercicios físicos y alimentación saludable

Todos cierran sus ojos cuando mueren,
pero no todos los abren cuando están vivos.

Hacer ejercicio físico regularmente estimula el metabolismo. Mejora la circulación sanguínea. Renueva la energía cerebral. Retrasa el envejecimiento físico y mental. Si eres intolerante e impaciente, si todo lo quieres "para ayer", es mejor que le prestes especial atención al ejercicio físico. ¿Por qué?

Porque el ejercicio físico libera un excelente calmante natural, la endorfina, que relaja, tranquiliza e induce el sueño. ¡Ésta es una excelente noticia para quien no quiere tomar tranquilizantes o quiere librarse de ellos!

Alimentarse bien es un bálsamo para una vida excelente. Pobres de las modelos que viven bajo la dictadura de la restricción alimentaria para mantener un patrón enfermizo de belleza.

Por desgracia, muchas personas, jóvenes en su mayoría, viven bajo esa dictadura. Algunas desarrollan anorexia nerviosa. Quedan en los huesos, pero creen que son obesas debido a una imagen distorsionada en el inconsciente. Por fortuna, como comentaré, es posible reeditar la película del inconsciente y ser libre. Nunca seas un esclavo de los patrones de belleza que te implantaron.

Cada vez que visito un país, aprecio conocer la cultura de su pueblo. Me gusta ir a los mercados, ver a las personas felices, alimentándose y viviendo intensamente. Sólo los enfermos pierden el apetito. Debemos cuidar nuestra alimentación, pero no privarnos de ese placer.

Procura llevar una dieta saludable, a base de frutas y verduras, y sin exceso de proteína animal. Dale preferencia a la carne blanca y en especial al pescado. Sin embargo, no olvides que muchos hacen una dieta física radical, pero tienen una pésima dieta emocional. "Engullen" todo tipo de problemas sin digerirlos, y terminan con el cuerpo en forma, pero el alma enferma.

Consejos para el ejercicio físico

No hagas ejercicios pesados e irregulares, pues éstos estresan el cerebro y lo llevan a interpretar que tu vida está en peligro, lo que genera malestar.

El ejercicio físico debe hacerse con disciplina y regularidad, por lo menos tres veces por semana. Debes conquistar el placer y no el sufrimiento, en caso contrario, terminarás divorciándote de él. Practica deporte, gimnasia acuática, caminatas. El ejercicio físico oxigena el cuerpo y anima el intelecto.

5ª LEY

Gestionar la emoción

El mayor verdugo del hombre es
él mismo, y el más injusto de los hombres
es el que no reconoce esto...

Gestionar la emoción es capacitar el yo, que representa la voluntad consciente, para administrar la energía emocional del dolor. Es expandir la energía del amor, de la satisfacción, de la paz interior. Es destruir los grilletes de la ansiedad, del miedo, de la inseguridad. Es liberarse de la cárcel de la emoción.

Gestionar la emoción es el fundamento de una vida encantadora. Es construir días felices, incluso en los periodos de tristeza. Es rescatar el sentido de la vida, incluso en medio de las contrariedades. No hay dos amos: o dominas la energía emocional, incluso parcialmente, o ella te dominará a ti.

¿Por qué gestionar la emoción?

Gestionar la emoción es la herramienta básica de la inteligencia multifocal (una de las pocas teorías científicas sobre el funcionamiento de la mente, creada por mí). Es ésta la que desarrolla la inteligencia emocional. Parece que yo he sido una de las voces solitarias en la ciencia que habla sobre la gestión de la emoción. Pensadores como Freud, Jung, Roger, no estudiaron este asunto, que es vital para la salud mental.

Nadie comenta que el yo debe gobernar, proteger, dirigir la emoción. Al no saber que pueden y deben gestionar la emoción, millones de personas han vivido en una mazmorra psíquica.

La dramática falla de la educación

Nuestro modelo de educación debería enseñar a los jóvenes a criticar y a filtrar sus emociones, pero desconoce la ley de gestionar la emoción. La falla no está en los maestros, está en el sistema.

La educación enseña a los jóvenes a resolver problemas de matemáticas, pero no sus problemas existenciales. Les enseña a enfrentar los exámenes escolares, pero no las pruebas de la vida: los rechazos, las angustias, las dificultades. La educación enseña las reglas del idioma, pero no a dialogar. La educación mundial está en crisis, no forma pensadores.

¿Cómo evitar la violencia en las escuelas, la formación de psicópatas, las enfermedades depresivas y ansiosas, si el ser humano es víctima y no líder de sus emociones? La psiquiatría y la psicología sólo harán una contribución mayor a la humanidad cuando ayuden a la educación a prevenir las enfermedades. Las leyes planteadas en este libro pueden ser un buen comienzo.

La prevención pasa por la gestión de las emociones y de los pensamientos. Aprender a gestionar la emoción, aunque sea de manera intuitiva, irriga una vida feliz. Veamos algunas consecuencias de no observar esta ley.

Ansiedad

Es un estado mental de tensión emocional, caracterizado por diversos síntomas: irritabilidad, inquietud, pensamiento acelerado, trastornos del sueño. A veces viene acompañado de síntomas psicosomáticos, como dolor de cabeza, gastritis, mareos, nudo en la garganta, hipertensión arterial.

Existen varios tipos de ansiedad: *las fobias, el síndrome de pánico, el trastorno obsesivo compulsivo (TOC), el trastorno de ansiedad generalizada (TAG), el estrés postraumático.* Si te encuentras en un estado ansioso en alguna curva de tu vida, no te desesperes. Ese trastorno puede y debe ser superado.

Depresión

Existen varios tipos de depresión. La mayoría de las personas deprimidas viven el dolor de los demás, no tienen protección emocional, sufren por pequeños problemas. Suelen ser excelentes para los demás, pero pésimas para sí mismas. Escucharlas sin prejuicios las alivia. *Importante:* cuando una persona piensa en el suicidio, quiere matar el dolor, pero nunca la vida.

Nunca desprecies a las personas deprimidas. La depresión es el último estadio del dolor humano. Pero tiene tratamiento. El desánimo, la pérdida del placer de vivir, del placer sexual, el trastorno del sueño, llevan a las lágrimas al ser humano más inflexible.

La sensibilidad

Hay un tipo frecuente de llanto que proviene de la sensibilidad y no de la depresión. Ése es el caso del llanto de Lula, el que fuera presidente de Brasil. Tal vez no haya otro presidente que sea tan emocional. Su llanto es una virtud. Este hombre conoció el dolor del hambre, de la miseria, del desprecio.

El dolor fue el artesano de su sensibilidad, generó la capacidad de conmoverse ante el sufrimiento ajeno. Sólo si la sensibilidad se transforma en hipersensibilidad podrá desencadenar una depresión. En este caso, se pierde la protección y se comienza a vivir el dolor de los demás.

Síntomas psicosomáticos

Cuando los trastornos mentales, como la ansiedad, no son resueltos, se distribuyen en el cerebro y de ahí son canalizados hacia algún órgano importante de nuestro cuerpo. En el corazón generan taquicardia, gastritis en el estómago, falta de aire en los pulmones, y así sucesivamente.

Algunas personas tienen más propensión a desarrollar esos síntomas que otras. Hay una ansiedad normal, leve, que alimenta los sueños. Hay otra que es destructiva, intensa, que aborta la vida. ¿Qué tipo de ansiedad has cultivado?

El cáncer y los trastornos emocionales

Según la ciencia, los trastornos emocionales pueden desencadenar una serie de enfermedades, desde un infarto hasta el cáncer. Cierta vez, una de mis pacientes se sometió con gran éxito a una cirugía de cáncer de mama. Sin embargo, después de quince años, apareció el mismo tipo de cáncer en el mismo lugar. ¿El motivo? Una crisis depresiva no superada debido a la pérdida de su marido.

Ser feliz es el requisito básico para la salud. Tu emoción puede ser un oasis o una bomba para tu organismo. La elección es tuya.

Cefalea y dolores musculares

Gran parte de los dolores musculares y de las cefaleas, o dolores de cabeza, es producida por las tensiones. Los dolores físicos cierran las ventanas de la memoria, de la inteligencia y de la concentración. Por eso provocan accidentes, aislamiento social y agresividad.

De nada sirve decir: "De hoy en adelante seré alegre y motivado". No seas un héroe. Ataca las causas. Cambia tu estilo de vida. Ten la mente de un ejecutivo y el corazón alegre de un payaso. ¡La vida es tan breve! Felices quienes usan la cabeza para pensar y no para sufrir...

Consejos para gestionar la emoción

Si huyes de tus dolores emocionales, éstos se convertirán en un león agresivo. Si los enfrentas, se transformarán en una mascota. Critica cada sufrimiento en el silencio de tu mente. No hagas de tu emoción un bote de basura de tus problemas. Protégete. Piensa antes de reaccionar ante las ofensas.

Gobierna tu emoción para tener esperanza, brindar por la vida y contemplar lo bello. No olvides que yo puedo darte los ladrillos, pero sólo tú puedes construir. Puedo mostrarte el timón, pero sólo tú puedes navegar en las aguas de tu propia emoción...

6ª LEY

Gestionar los pensamientos

Cuando el mundo nos abandona,
la soledad es superable;
cuando nos abandonamos a nosotros mismos,
la soledad es casi incurable...

Gestionar los pensamientos es capacitar al yo para ser autor de nuestra historia. Es gobernar la construcción de pensamientos que debilitan la inteligencia y la salud mental. Es ser libre para pensar, pero no esclavo de los pensamientos. Es ser líder de uno mismo.

Es dejar de ser espectador pasivo de las ideas negativas. Es salir de la butaca, entrar en el escenario de los pensamientos y decir: "Yo soy el director del guion de mi vida". ¿Tú eres amo o siervo de tus pensamientos? Rara vez encontramos personas que sepan gestionar los pensamientos. Esta ley representa los pilares de una vida feliz.

¿Por qué gestionar los pensamientos?

La psicología y la psiquiatría no sólo dejaron de investigar la actuación del yo como gestor de la emoción, sino también como gestor del pensamiento. El principal fenómeno de la inteligencia quedó en calidad de intocable. Por eso sabemos tratar las enfermedades mentales, pero no sabemos producir un hombre feliz.

Por el hecho de haber desarrollado una nueva teoría de la personalidad a la luz de la construcción de las cadenas de pensamientos, nada me preocupa tanto como gestionar esa construcción. El mundo de las ideas se puede convertir en una fuente de deleite, o de aflicción.

El trastorno obsesivo

Uno de los trastornos que más atormentan al ser humano, y que se produce en la infancia por la falta de gestión de los pensamientos, es la obsesión, caracterizada por ideas fijas sobre enfermedades, accidentes, asaltos, higiene. Veamos un ejemplo.

Cierta vez, un paciente de origen árabe, culto y políglota, me buscó afligido. Era uno de los mejores pilotos de aviación comercial de su país. Cuando volaba a Medio Oriente asistía a las personas mutiladas. Pero un día comenzó a tener diarrea, fiebre. Entonces, empezó a tener la idea fija de que padecía de sida.

Cuanto más elaboraba esa idea, más ansioso se sentía, más registraba esa ansiedad en los suelos de la memoria, más producía matrices enfermizas en su inconsciente y más generaba miles de nuevas ideas acerca del sida. Así, cerró el ciclo de la obsesión.

Me decía que antes era un Rambo y ahora, un hombre frágil. Sabía que el sida tiene un buen tratamiento, pero se atormentaba con la idea de la muerte y de separarse de las personas que amaba. Sufría por un sida virtual. ¿Tú sufres por algo virtual?

Alguien dirá: "Ese caso es fácil de resolver. Mándalo a hacerse estudios para detectar el virus del sida". ¡Gran engaño! El yo sabe que las ideas son irreales, pero no consigue gestionarlas, y la emoción las vive como si fueran reales. El yo se vuelve un juguete de la obsesión, víctima de ese trastorno.

El paciente se hizo el estudio, y éste dio negativo. Permaneció tranquilo por una semana. Después comenzó a sospechar que le habían cambiado la sangre. Así, se hizo innumerables estudios más. Y siempre había una excusa para repetirlos. Era inteligente, pero estaba esclavizado. Por fortuna, aprendió a ser líder.

La falta de gestión de los pensamientos también puede dar origen al SCC, el síndrome de compra compulsiva, y al SCE, el síndrome compulsivo de economizar. Los portadores de SCC alivian su ansiedad comprando. Compran ropa, zapatos, joyas, todo en exceso. Gastan lo que tienen y lo que no tienen. Crean un caos financiero que devasta su paz.

Los portadores del SCE viven en el lado opuesto de la moneda. No gastan en nada. El miedo al futuro los priva de placer. Son esclavos del mañana. Si estás sediento por tener una vida feliz, tendrás que equilibrarte en el delicado trípode: ganar, ahorrar y gastar.

El pensamiento puede convertirse en el gran villano de la calidad de vida y de la felicidad de tres maneras:

Pensamiento negativo. Es impresionante el modo en que nuestra mente piensa tonterías, rumia las malas experiencias y se obsesiona con las preocupaciones. Los pensamientos negativos generan ansiedad y estresan al cerebro. Empobrecen a los ricos, aniquilan a los científicos, abaten a los religiosos, destronan a los reyes. Muchos, al recibir un "no" o una crítica injusta, producen miles de pensamientos que los arrasan. ¿Cómo lidias con las críticas?

Pensamiento acelerado. No sólo el contenido de los pensamientos estresa al ser humano, sino también la velocidad de la construcción de los pensamientos, aunque sean positivos. Ése es un gran descubrimiento. El exceso de información y el trabajo intelectual excesivo generan el síndrome SPA (síndrome del pensamiento acelerado).

El SPA se caracteriza por ansiedad, insatisfacción, aversión a la rutina, inquietud, fatiga excesiva, olvidos. Cientos de millones de personas tienen SPA, incluidos los mejores ejecutivos, médicos, abogados. ¿Tu mente está agitada?

Sufrimiento por anticipación. El pensamiento anticipatorio es otro de los grandes verdugos de una vida feliz. Somos una especie que se autoatormenta. Velamos al cuerpo antes de la muerte. Sufrimos todos los días por cosas que todavía no han sucedido. Más de 90 por ciento de los monstruos que creamos nunca se volverán reales, pero somos especialistas en crearlos.

Los jóvenes se martirizan por el examen que presentarán, las madres por imaginar que sus hijos consumirán drogas, los ejecutivos por fantasear sobre la pérdida de sus empleos. No te perturbes por el mañana. Ya bastante tenemos con los problemas diarios.

¿Cuál es el resultado de pensar tanto? Una fatiga descomunal. Ya se abolió la esclavitud, disminuyó la carga de trabajo, se obtuvieron los derechos humanos. Por todas esas conquistas, sumadas a la comodidad proporcionada por la tecnología, esperaríamos que el hombre moderno viviera en un eterno descanso. Pero he aquí que innumerables personas despiertan cansadas y se quejan de fatiga excesiva.

¡Imagínate! Una persona muy estresada y con síndrome SPA puede gastar más energía que "diez" trabajadores a cargo de labores físicas. Sabio es el que hace mucho, pero sabe ahorrar energía.

Consejos para gestionar los pensamientos

1) Dale la vuelta a tus pensamientos, critica cada pensamiento negativo en los primeros cinco segundos después de producirlo para evitar su registro enfermizo.
2) Realiza microrrelajamientos para desacelerar el pensamiento en el trabajo, en el tráfico.
3) Practica el silencio contemplativo, cambia tu agenda y desarrolla la inteligencia espiritual para enriquecer los pensamientos.

Pero no olvides que yo te puedo dar agua, pero no sed. Puedo darte las leyes y las ideas, pero no la luz. Puedo darte la pluma y el papel, pero sólo tú puedes escribir tu historia...

7ª LEY

Proteger los suelos de la memoria

Todos quieren el perfume de las flores,
pero pocos se ensucian las manos
para cultivarlas...

Proteger los suelos de la memoria es cuidar la calidad de los archivos conscientes e inconscientes que contienen los secretos de nuestra personalidad. Es preservarse del registro del miedo, de la desesperación, de los resentimientos, en fin, de la basura de nuestra existencia. Y también es reescribir los archivos enfermizos ya guardados.

Todos se preocupan por los archivos que están en las computadoras, pero rara vez alguien se preocupa por las penurias y miserias archivadas en su memoria. Si no protegemos la memoria es posible tener una vida completamente infeliz, incluso con una infancia saludable.

Por favor, grábate esto. En las computadoras, el registro depende de la voluntad; en la memoria humana, el registro de los pensamientos y emociones es involuntario, realizado por el fenómeno RAM (registro automático de la memoria). En las computadoras, la tarea más fácil es borrar los archivos; en el hombre, eso es imposible, a no ser mediante traumatismos cerebrales.

Aunque sea difícil, tenemos que aprender a proteger nuestra memoria. Cada angustia, miedo, agresividad e ideas negativas se registran y ya no pueden borrarse, sólo editarse. Diariamente, siembras flores o construyes arrabales en tu memoria. ¿Cómo es esto?

Los arrabales de la memoria

Comparemos la memoria con una gran ciudad, cada barrio con un archivo y cada dirección con una información. Todos los días archivamos nueva información, que construye bellos vecindarios o áridos arrabales. Por eso hay ricos pobres y pobres ricos.

Muchos viven en barrios elegantes, quieren estar lejos de las zonas pobres. Pero en los suelos de la memoria puede haber innumerables arrabales, archivos enfermos. Algunas personas son privilegiadas económicamente, pero miserables en su interior. En sus mansiones hay jardines, pero en su emoción hay tristeza y desolación.

Fobias

Las fobias provienen de una interpretación distorsionada, que genera un registro exagerado de un objeto fóbico: insectos, animales, personas, lugares. La claustrofobia es el miedo a los lugares cerrados, como un elevador; la acrofobia es el miedo a las alturas; la fobia social es el miedo a los sitios públicos; la fobia simple puede ser el miedo a los insectos y animales. Pero el peor tipo de miedo es el miedo al miedo.

El fenómeno RAM fotografía miles de millones de experiencias durante toda nuestra existencia. Todos nosotros, incluso los que tuvieron una infancia feliz, adquirimos enormes arrabales en el inconsciente. ¿Cuáles son tus arrabales?

Una cucaracha es más poderosa que un secuestrador

Según sea el volumen de tensión, las experiencias existenciales pueden ser registradas de manera tan traumática que controlan la inteligencia. Una cucaracha puede ser registrada como un monstruo; un elevador, como un cubículo sin aire; una reunión en grupo, como un ambiente agresivo y castrante.

Recuerdo a una paciente que fue secuestrada y permaneció más de un mes en cautiverio. ¿Sabes qué fue lo primero que les preguntó a los secuestradores? Que si habría cucarachas en el lugar donde se quedaría.

El miedo a las cucarachas la aterrorizaba más que los secuestradores. ¿Por qué? Porque en su infancia había registrado la imagen de adultos en pánico ante las cucarachas. Por desgracia, en su cautiverio sí había muchas cucarachas. Apareció una víbora y estuvo a punto de morderla, pero nada la perturbó tanto como las cucarachas. Para dormir, suplicaba a los secuestradores que le dieran calmantes. El miedo encarceló su libertad.

Existen miedos de todo tipo: miedo de perder el empleo, de ser asaltado, de un ataque terrorista, de ir en auto, de quedarse solo, de ser rechazado, de fracasar. ¿Cuáles son tus miedos?

Un miedo muy extraño

Recientemente, una joven universitaria me dijo que tenía un miedo poco común: pavor a los pájaros. Un trauma de la infancia la llevó a tener miedo de las inofensivas aves. Me contó que podía enfrentarse a un perro bravo, pero no a un colibrí. ¡Qué compleja es nuestra mente!

Quien controla nuestra mente no es la realidad tangible de un animal, persona o situación, sino la realidad emocional registrada en la memoria. Tenemos una inteligencia fantástica, deberíamos ser libres, pero creamos fácilmente gigantes en nuestro inconsciente que nos amenazan y nos aprisionan.

Olvidos

Nuestra memoria es innumerables veces más sofisticada que la de una supercomputadora. Pero las personas se están quejando de que son olvidadizas, que su memoria es "débil". Olvidan las citas, los objetos, la nueva información. Desesperadas, consultan a los médicos, pero no encuentran nada. Déjame darte una noticia refrescante.

No existe la memoria débil, sino la memoria bloqueada debido a la protección cerebral. Como el cerebro tiene más juicio que nosotros, traba la memoria para evitar que pensemos mucho y gastemos energía excesiva. Benditos olvidos.

Una buena noticia para jóvenes y adultos

¿Quieres abrir las ventanas de la memoria y liberar tu inteligencia? ¿Quieres brillar en las reuniones de trabajo y emitir opiniones lúcidas? ¿Quieres ser una fiera intelectual en los concursos y entrevistas?

Primero, estudia con dedicación. Segundo, ¡controla la fiera de la inseguridad y del miedo que habita en tu emoción! El cerebro interpreta el miedo como si tu vida estuviera en peligro, por eso bloquea los archivos y produce las famosas "lagunas". Tú posees una inteligencia fantástica. Pero recuerda que el miedo a fallar acelera la derrota.

Consejos para proteger la memoria

Vive intensamente "las leyes" para ser feliz: contempla lo bello, gestiona la emoción, trabaja las pérdidas. Pero ¿qué hacer con los traumas que ya están registrados? Es necesario reeditar la película del inconsciente, sobreponer nuevas experiencias a las antiguas. ¡Ése es el mayor desafío de la inteligencia!

Es necesario "criticar" diariamente las imágenes enfermizas de la memoria que nos controlan. Es necesario también "no pedir", sino "determinar" ser alegre, atrevido, seguro, saludable. Esas herramientas reurbanizan los arrabales del miedo, del odio, del autocastigo y nos liberan.

8ª LEY

Trabajar las pérdidas y frustraciones

Ser feliz
no es una casualidad del destino,
sino una conquista existencial.

Trabajar las pérdidas y frustraciones es superar los dolores de la existencia y usarlas para madurar y no para destruirnos. Es repensar nuestras dificultades. Ver nuestras decepciones desde otro ángulo. Es poder esculpir la personalidad, aun sin ser un gran artesano. Es tener el coraje para vencer, pero la humildad para vivir.

Es tener consciencia de que la vida es una gran escuela, pero poco enseña a quien no sabe ser un alumno... Es ser un eterno aprendiz. Si no se trabajan las pérdidas y frustraciones, la vida alterna entre momentos felices y periodos de profundo sufrimiento.

La vida es bella, pero tiene obstáculos imprevisibles

A lo largo de los años de desempeñarme como psiquiatra y psicoterapeuta, y de investigar los secretos de la mente humana, adquirí una convicción: todo ser humano, sea rey o súbdito, intelectual o inculto, atraviesa momentos angustiantes. Somos tan "creativos" que, si no tenemos problemas, los "fabricamos".

Basta sentir que necesitas a alguien, para sufrir frustraciones. Basta amar y tener amigos, para que surjan las incomprensiones. Pero eso no ensombrece nuestra vida, hace de ella una poesía. Para muchos, el dolor es un problema; para los sabios, es su escuela.

Consejos para trabajar las pérdidas y frustraciones

Debemos ser conscientes de que hay pérdidas y frustraciones inevitables. De hecho, las mayores decepciones son causadas por las personas que más amamos. Por eso, si quieres una familia perfecta, amigos que no te frustren y compañeros de trabajo súper agradables, es mejor que te vayas a vivir a la Luna.

Si, por estar frustrado contigo mismo y con las personas, te aíslas socialmente, tu soledad será insoportable. Trae siempre a la memoria que los fuertes son tolerantes; los débiles, inflexibles. Los fuertes comprenden; los débiles juzgan.

9ª LEY

Ser emprendedor

Una persona inteligente aprende de sus errores; una persona sabia aprende de los errores de los demás...

Ser un emprendedor es ejecutar los sueños, aunque haya riesgos. Es enfrentar los problemas, aun sin tener fuerzas. Es caminar por lugares desconocidos, aun sin tener brújula. Es tomar actitudes que nadie ha tomado. Es ser conscientes de que quien vence sin obstáculos triunfa sin gloria. Es no esperar una herencia, sino construir una historia...

¿Cuántos proyectos dejaste atrás? ¿Cuántas veces tus temores bloquearon tus sueños? Ser un emprendedor no es esperar que suceda la felicidad, sino conquistarla.

Consejos para ser un adulto realizado

Explora lo desconocido. Libérate de la cárcel de la inseguridad y sal de la zona de confort de tus diplomas, estatus y éxitos antiguos. Penetra en los laberintos de la vida. Encuentra soluciones para los problemas y previene los errores en el trabajo. Ten nuevas actitudes para encantar a tus hijos, a tu novio, tu novia, tu cónyuge, tus compañeros.

Si quieres tener éxito emocional, profesional y social necesitas ser un emprendedor. Y como emprendedor, te equivocarás varias veces, pero ése es el precio de la conquista. No hay victorias sin derrotas, ni podio sin esfuerzo.

Consejos para ser un joven exitoso

La mayoría de los jóvenes de la actualidad no tiene sueños, ni malos ni buenos. Carecen de una causa por la cual luchar. No están preparados para los desafíos sociales y profesionales. Podrían engrosar las filas de personas frustradas.

¡Anímate! Fíjate metas. Haz lo que nadie ha hecho. Sueña mucho, sueña alto, pero mantén los pies en la tierra. Valora tus estudios. Ama tu escuela. Crea oportunidades. Al crearlas, no tengas miedo de fallar. Si fallas, no tengas miedo de llorar. Si lloras, vuelve a pensar tu vida, pero no des marcha atrás.

10ª LEY

Inteligencia espiritual

Los mayores enigmas del universo
se esconden dentro de cada ser humano...

Inteligencia espiritual es ser consciente de que *la vida es una gran pregunta, en busca de una gran respuesta.* Es buscar el sentido de la vida, incluso siendo ateo. Es buscar a Dios, independientemente de una religión, incluso sintiéndose confundido en el ovillo de la existencia. Es agradecer a Dios por el día, por la noche, por el sol, por ser un ser único en el universo.

Es buscar las respuestas que la ciencia no nos dio. Es tener esperanza en la desolación, amparo en la tribulación, coraje en las dificultades. Es ser un poeta de la vida. Y tú, ¿eres un poeta?

Un agujero en el alma

En el núcleo del alma y en el espíritu humano hay un agujero negro, un vacío existencial, que roba nuestra paz ante los dolores de la vida y de la muerte. El fin de la existencia es el fenómeno más angustiante del hombre. Todos los pueblos desarrollaron un tipo de inteligencia espiritual para entenderlo y superarlo.

Einstein dijo: *quiero conocer los pensamientos de Dios, el resto son sólo detalles.* Ambicionaba algo más grande que revolucionar la ciencia. El hombre más inteligente del siglo xx quería escudriñar la mente de Dios. Buscaba el sentido de su vida. ¿Y tú, dónde estás?

Dios y la psiquiatría

En el pasado, yo pensaba que buscar a Dios era una pérdida de tiempo. Hoy pienso completamente diferente. Percibo que hay un conflicto existencial dentro de cada ser humano, sea religioso o ateo escéptico, que la psiquiatría y la psicología no pueden resolver.

La psiquiatría trata con los trastornos mentales usando antidepresivos y tranquilizantes, y la psicología, empleando técnicas psicoterapéuticas. Pero esas disciplinas no resuelven el vacío existencial, no dan respuestas a los misterios de la vida. Cuando comienza la fe, la ciencia guarda silencio. La fe trasciende a la lógica.

¿Quién puede descifrar lo que es la vida?

Tenemos millones de libros científicos, pero la ciencia no sabe explicar lo que es la vida. Vivimos en una burbuja de misterios. Las cuestiones básicas de la existencia humana jamás se han resuelto.

¿Quiénes somos? ¿Adónde vamos? ¿Cómo es posible rescatar la identidad de la personalidad después de la muerte, si trillones de secretos de la memoria se pulverizan en el caos? ¿El fin es la nada o el comienzo? Ningún pensador ha encontrado tales respuestas. Quien las buscó en la ciencia murió con sus dudas.

La ciencia, a través de su débil orgullo, despreció la eterna e incansable búsqueda del hombre del sentido de su vida. Ahora, estamos entendiendo que el desarrollo de la inteligencia espiritual por medio de la oración, la meditación y la búsqueda de respuestas existenciales aquieta el pensamiento y apacigua las aguas de la emoción.

Aunque haya radicalismos e intolerancia religiosa que atentan contra la inteligencia, buscar a Dios, conocerlo y amarlo es un acto inteligentísimo. El amor del ser humano por el Autor de la vida produce fuerza en la debilidad, consuelo en las tempestades, seguridad en el caos.

Consideraciones finales

Hemos llevado a cabo un breve estudio de las *Diez leyes para ser feliz.* Creo que la mayoría de las personas ha trabajado, como máximo, tres de esas leyes en su personalidad. Pero hay una esperanza. Este libro muestra la dirección, pero sólo tú puedes caminar. Quien viva esas leyes revolucionará su calidad de vida.

Los jóvenes deberían conocerlas desde los primeros años escolares, para que la felicidad no sea un delirio en su historia. Todos sueñan con la felicidad, pero nunca una palabra ha sido tan comentada y tan poco comprendida.

Tú puedes tener defectos, vivir con ansiedad e irritarte algunas veces, pero nunca olvides que tu vida es la mayor empresa del mundo. Sólo tú puedes evitar que se vaya a la quiebra. Hay muchas personas que te necesitan, te admiran y ruegan por ti.

Reescribí muchas veces este libro. Elaboré cada idea para que las diez leyes que estudiamos se transformen en diez herramientas para encontrar el oro. ¿Oro? Sí. Encontrar oro en los suelos de tu inteligencia, en el territorio de tu emoción, en el anfiteatro de tus pensamientos. Pocos saben buscarlo, por eso pocos ven días felices.

Me gustaría que recordaras siempre que ser feliz no es tener un cielo sin tormentas, caminos sin accidentes, trabajos sin fatigas, relaciones sin decepciones. Ser feliz es encontrar fuerza en el perdón, esperanza en las batallas, seguridad en el escenario del miedo, amor en los desencuentros.

Ser feliz no se trata sólo de valorar la sonrisa, sino de reflexionar sobre la tristeza. No es sólo celebrar el éxito, sino aprender lecciones de los fracasos. No es sólo tener júbilo por los aplausos, sino encontrar alegría en el anonimato.

Ser feliz es reconocer que vale la pena vivir la vida, a pesar de todos los desafíos, incomprensiones y periodos de crisis. Ser feliz no es un capricho del destino, sino una conquista de quien sabe viajar al interior de su propio ser.

Ser feliz es dejar de ser víctima de los problemas y convertirte en el autor de tu propia historia. Es atravesar desiertos fuera de ti, pero ser capaz de encontrar un oasis en lo más recóndito de tu alma. Es agradecer a Dios cada mañana por el milagro de la vida.

Ser feliz es no tener miedo de nuestros propios sentimientos. Es saber hablar de uno mismo. Es tener el valor de escuchar un "no". Es tener la seguridad para recibir una crítica, aunque sea injusta. Es besar a nuestros hijos, disfrutar a nuestros padres y tener momentos poéticos con los amigos, aunque ellos nos lastimen.

Ser feliz es dejar vivir a ese niño libre, alegre y sencillo que habita dentro de cada uno de nosotros. Es tener la madurez para decir "me equivoqué". Es atreverse a decir "perdóname". Es tener la sensibilidad para expresar "te necesito". Es tener la capacidad de decir "te amo".

Deseo que la vida se vuelva un crisol de oportunidades para que seas feliz...

Que en tus primaveras, seas amante de la alegría.

Que en tus inviernos, seas amigo de la sabiduría.

Y que, cuando equivoques el camino, recomiences todo otra vez.

Pues así te enamorarás cada vez más de la vida.

Y descubrirás que...

Ser feliz no es tener una vida perfecta, sino usar las lágrimas para irrigar la tolerancia. Usar las pérdidas para refinar la paciencia. Usar las fallas para esculpir la serenidad. Usar el dolor para moldear el placer. Usar los obstáculos para abrir las ventanas de la inteligencia.

JAMÁS RENUNCIES A TI MISMO.

JAMÁS RENUNCIES A LAS PERSONAS QUE AMAS.

JAMÁS RENUNCIES A SER FELIZ,
PUES LA VIDA ES UN ESPECTÁCULO
QUE NO TE PUEDES PERDER.

Y TÚ ERES
UN SER HUMANO ESPECIAL.

Esta obra se imprimió y encuadernó
en el mes de mayo de 2023,
en los talleres de Impregráfica Digital, S.A. de C.V.,
Av. Coyoacán 100–D, Col. Del Valle Norte,
C.P. 03103, Benito Juárez, Ciudad de México.